D. H. Lorens
KĆER TRGOVCA KONJIMA

REČ I MISAO
KNJIGA 508

Urednik
JOVICA AĆIN

S engleskog prevela
BOJANA RANKOVIĆ

D. H. LORENS

KĆER TRGOVCA KONJIMA

IZDAVAČKO PREDUZEĆE „RAD"
BEOGRAD

DODIRNUO SI ME

Grnčarska kuća bila je ružna četvorougaona zgrada od cigala, opasana zidom koji je zatvarao čitavo imanje. A kao da to nije bilo dovoljno, kuću i posed delimično je zaklanjala i živica razdvajajući je od dvorišta grnčarnice i radova koji su se odvijali u njoj, ali samo delimično. Kroz živicu moglo se videti napušteno dvorište i grnčarnica sa puno prozora nalik fabrici, a iznad žive ograde štrčali su dimnjaci i pomoćne zgrade. Ali unutar živice skrivao se prijatni vrt sa travnjakom koji se pružao do malog bazena i vrbaka gde su se ranije odvijali radovi.

Sama grnčarnica je sada zatvorena a velika dvorišna kapija stalno zaključana. Nema više velikih plastova sena pored nadstrešnica za slaganje. Nema više natovarenih teretnih kola koja su vukli veliki konji kotrljajući ih nizbrdo. Nema više devojaka iz grnčarnice, u keceljama boje gline, njihovih lica i kosa isprskanih finim sivkastim blatom, koje su se cerekale i šalile sa muškarcima.

Toga više nema.

„Nama se ovako više dopada – o mnogo više – mirnije je", reče Matilda. „O, da", potvrdila je Emi Rokli, njena sestra. „Siguran sam u to", saglasio se posetilac. No, da li se sestrama Rokli zaista više ovako sviđalo ili im se samo činilo da je tako? Svakako su njihovi životi bili monotoni i jednolični sada, kad nema finog sivog blata i praha gline rasutih svuda po dvorištu grnčarnice. One još nisu sasvim shvatale koliko im zapravo nedostaju kreštavi glasovi devojaka, koje su vikale i koje su one poznavale čitav svoj život i toliko ih mrzele.

Matilda i Emi su bile već matore devojke. U pretežno industrijskoj oblasti, devojke koje imaju očekivanja iznad proseka, teško su nalazile mladiće. Sumorni industrijski grad vrveo je od muškaraca koji su bili zreli za ženidbu, ali to su bili rudari ili prosti grnčarski radnici. Obe sestre Rokli, od nasledstva, bi dobile oko deset hiljada funti po očevoj smrti i vredno, profitabilno imanje. To nije bilo nešto što bi se moglo lako odbaciti smatrale su, odbijajući da poklone toliko bogatstvo nekom prostom proleteru. Nemajući priliku da sretnu kakvog bankarskog činovnika, naprednog učenjaka pa čak ni učitelja, Matildu je polako izdavala nada da će ikad napustiti grnčarsku kuću.

Matilda je bila visoka, mršava i ljupka plavuša ovećeg nosa. Ona je bila kao Meri Eminoj Marti: što bi u stvari značilo da je Matilda volela slikarstvo i muziku, čitala je puno dobrih novela, dok je Emi vodila domaćinstvo. Emi izgledom oniža debeljuca nije bila tako svestrana kao njena sestra i nije imala takva interesovanja. Sve to, prepustila je senzibilnoj Matildi, profinjenog duha.

Bez majke koja je preminula i sa bolesnim ocem, dve devojke bile su ipak sretne, na svoj tihi, melanholični način. Stari gospodin Rokli, iako inteligentan čovek solidnog obrazovanja, voleo je da bude prisan sa radnicima iz svoje okoline. Imao je strast ka muzici i svirao je violinu prilično dobro.

Ali sada je počeo da stari, a bolesni bubrezi su ga mučili sve više, umirao je. Preterana sklonost ka viskiju učinila je svoje.

Ovo mirno domaćinstvo sa jednom služavkom, živelo je svoje godine u grnčarskoj kući. Prijatelji su dolazili u posete, devojke su ponekad izlazile, a otac se sve više opijao, čineći svoju bolest još težom. Sa ulice se neprekidno mogao čuti žamor koji su stvarali lokalni rudari, njihova deca i psi, ali unutar zidina grnčarnice bilo je pusto i vladala je neka čudna tišina.

Ipak, postojalo je nešto što je remetilo ovu učmalu atmosferu. Ted Rokli, otac četiri ćerke nije imao nijednog sina. Dok su njegove devojčice odrastale, on je sve više osećao izvesnu nelagodnost u isključivo ženskom domaćinstvu. Zato je otišao do Londona i usvojio dečaka iz prihvatilišta. Emi je imala četrnaest godina, a Matilda šesnaest kada je njihov otac stigao kući sa svojim „čudom od deteta", dečakom starim šest godina, Hadrijanom.

Hadrijan je bio običan dečak iz dobrotvorne ustanove, imao je običnu smeđu kosu i obične plave oči i prilično običan kokni izgovor. Rokli devojke – bilo je ih tri kada je on stigao – bile su pomalo rezignirane njegovim dolaskom. Snažni instinkt, koji je stekao u sirotištu jasno mu je to kazivao. Iako je imao samo šest godina, Hadrijan je imao podrugljiv i prepreden izraz lica dok je odmeravao tri mlade žene. Devojke su insistirale da im se obraća sa „Rođake": rođaka Flora, rođaka Matilda, rođaka Emi. Njihovim zahtevima pokoravao se podsmešljivo i uz negodovanje.

Ali devojke su po svojoj prirodi bile mekog srca. Flora se udala i napustila kuću. Hadrijanu je polazilo za rukom da uz dosta truda ugodi „strogim" sestrama. On je rastao u Grnčarskoj kući, u skladu sa njenim pravilima, išao u osnovnu školu i bio oslovljavan isljučivo sa Hadrijan Rokli. Bio je pomalo ravnodušan prema rođakama Matildi i Emi, i suzdržan na njemu svojstven način. Možda nepravedno, od devojaka je dobio nadimak prepredenko. Dečak je samo bio oprezan plašeći se iskrenosti. Ujka Rokli razumeo ga je i bez puno priče, njihova je priroda bila slična. Hadrijan i njegov staratelj imali su prilično jasan odnos ali bez mnogo emocija.

Dečak je imao trinaest godina kad su ga upisali u gradsku gimnaziju. To mu se nije sviđalo. Rođaka Matilda čeznula je da od njega napravi malog džentlmena, zbog čega je stalno negodovao. Napravio bi grimasu, iskrivivši usne ili bi se pak nasmešio stidljivim osmehom dečaka iz sirotišta, kada bi se od njega tražilo džentlmentsko držanje. Bežao je iz škole i lutao, prodavao svoje knjige, kapu sa amblemom pa čak i svoju ličnu maramu i džepnu maramicu svojim školskim drugovima, a onda bi isprario sa novcem bog zna kuda. Tako je uzaludno potrošio dve školske godine.

Napunivši petnaest godina izrazio je želju da napusti Englesku i vidi kolonije. Bio je u stalnoj vezi sa Roklijevima. Znali su da kada Hadrijan donese odluku, na svoj uobičajeno tihi i pomalo podrugljiv način, više je nego beskorisno bilo suprotstavljati mu se.

Konačno, dečko je otputovao u Kanadu, pod pokroviteljstvom ustanove kojoj je pripadao. Pozdravio se sa Roklijevima bez reči zahvalnosti i otišao, činilo se bez mnogo tuge u sebi. Matilda i Emi bile su tužne, često misleći o tome kako ih je dečak napustio: čak i na licu njihovog oca ponekad se ocrtavao izraz čuđenja. Ipak, Hadrijanova pisma redovno su stizala iz Kanade. Radio je električarske poslove negde u blizini Montreala i dobro mu je išlo.

Bilo kako bilo, neminovno je došao i rat. A sa njim, u Evropu, došao je i Hadrijan. Roklijevi ga uopšte nisu videli. Oni su i dalje živeli na svoj stari način u Grnčarskoj kući. Stari Rokli umirao je izmučen velikom količinom vode u stomaku, ali je u svom srcu imao jaku želju da vidi dečaka. Kada je mir bio potpisan, Hadrijan je imao još dosta do povratka ali je njegov dolazak bio izvestan.

Devojke su bile prilično usplahirene. Istinu govoreći, pomalo su strahovale od Hadrijana. Matilda, visoka i vitka, bila je krhkog zdravlja, a zbog napornog staranja oko oca obe devojke bile su iscrpene. Imati Hadrijana, snažnog dvadestjednogodišnjeg mladića u kući, nakon pet godina njegovog odsustva, bilo je vredno svake nade.

Njihovo uzbuđenje je raslo. Emi je nagovorila oca da spava u sobi u prizemlju, a njegova soba na spratu uređena je za Hadrijana. Sestre su nastavile sa pripremama za njegov dolazak, sve dok se jednog jutra, u deset sati, potpuno neočekivano pojavio mladić. Rođaka Emi izgledala je pomalo nespretno, sa maramom na glavi, ispod koje su smešno štrčale kratke šiške, dok je marljivo glancala ogradu stepeništa a Matilda sa podavijenim rukavima na tanušnim podlakticama, bila je u kuhinji i čistila ukrasne figure iz radne sobe.

Iznenađena, rođaka Matilda osetila je nelagodnost snažno pocrvenevši, kada je mladi čovek samouvereno ušetao sa svojom maslinastozelenom torbom i odložio svoju kapu na šivaću mašinu.

Onizak, čvrst i samouvereni mladić radoznalo je posmatrao sve oko sebe, pronicljivošću koja je snažno podsećala na dečaka iz sirotišta. Imao je brčiće, tamnu put i bio mali rastom ali sa primetnom energijom u svojoj maloj pojavi.

„O, je li to Hadrijan!" uskliknula je rođaka Matilda, otresajući sapunicu sa svojih ruku. „Nismo te očekivali pre sutrašnjeg dana." „Dobio sam poštedu dan ranije" reče Hadrijan, gledajući svuda po sobi. „Divno!" uzvratila je rođaka Matilda. Onda je, obrisavši ruke, pošla ka njemu da se pozdrave, rekavši: „Kako si?" „Dosta dobro, hvala" rekao je Hadrijan. „Pa ti si već skoro čovek," rekla je rođaka Matilda. Hadrijan ju je tada pogledao. Ona nije bila u svom najboljem izdanju: tako mršava, velikog nosa i sa tom ružičasto-belom maramom na glavi. Osetila je svoju inferiornost. Ali u svojoj patnji, na koju se navikla, ona više nije marila. U međuvremenu, u sobu je ušao poslužitelj, onaj koji nije poznavao Hadrijana. „Dođi da vidiš oca," rekla je rođaka Matilda.

U holu su naleteli na rođaku Emi i uzbunili je kao jarebicu iz žbunja. Bila je još uvek na stepenicama vraćajući sjaj stubovima na ogradi. Refleksno je posegla rukom ka povezu na glavi, šiške su joj pale na čelo i oči. „Otkud ti", uzviknula je, potpuno zatečena njihovim iznenadnim ulaskom. „Kako, zašto već danas?" „Dobio sam dan ranije", reče Hadrijan, muževnim glasom koji je prilično iznenadio njegovu rođaku. „Pa, zatekao si nas usred posla" reče ona pomalo kivna. Potom su sve troje krenuli ka središnjoj prostoriji.

Uobičajeno odeven, stari Rokli je na sebi imao samo pantalone i čarape dok se odmarao na krevetu do prozora, kroz koji je mogao da posmatra svoj voljeni, blistavi vrt u kome su cvetale lale i jabukovo drveće. Nije izgledao tako bolestan kao što je uistinu bio i uprkos oteklog stomaka, njegovo lice je ipak zadržalo boju. Pomerao je samo oči, da bi pogledao oko sebe, ne pomerivši glavu. Od nekada lepog i snažnog čoveka, ostalo je vrlo malo.

Ugledavši Hadrijana, čudan, nevoljan osmeh preleteo je preko njegovog lica. Mladić ga je pozdravio, bojažljivo.

„Raskomoti se, ne bi valjda da postaneš gardist," reče on. „Da li bi hteo nešto da pojedeš?"

Hadrijan se ravnodušno osvrnuo oko sebe.

„Svejedno mi je" reče on. „Šta bi hteo, možda jaja i šunku?" upitala je Emi kratko.

„Da, ne marim." Sestre su sišle u kuhinju i poslale slugu da završi čišćenje stepenica.

„*Izmenio* se?" reče Matilda, *tihim* glasom.

„Nije li?", uzvratila je Emi. „*Kakav* mali čovek!"

Obe su napravile grimasu i nervozno se nasmejale.

„Dodaj mi tiganj" reče Emi svojoj sestri.

„Ali je još uvek nepristupačan, kao i ranije", primetila je Matilda, zavrtevši glavom uz simpatično žmirkanje očima, dok je pružala tiganj sestri.

„Muški!" reče Emi sarkastično. Hadrijanova kočopernost i muževnost očigledno nije naišla na njene simpatije.

„O, nije on tako loš" rekla je Matilda. „Nemoj imati predrasuda."

„Nemam ja predrasuda, ovako na prvi pogled, čini mi se da je ipak dobar", rekla je Emi, „ali ima podosta tog kočopernog u sebi."

„Zamisli, da nas ovako zatekne usred posla" rekla je Matilda.

„Oni ne vode računa ni o čemu", uzvratila je Emi prezrivo.

„Ti idi gore i presvuci se, moja Matilda." „Nije me briga za njega. Vidim kako stvari stoje, a ti možeš razgovarati sa njim. Ja neću."

„On će sada razgovarati sa ocem," rekla je Matilda.

„Prepredenko!" uzviknula je Emi, praveći grimasu.

Sestre su pomislile da je Hadrijan došao u nadi da će dobiti nešto od njihovog oca – deo nasledstva. I nisu bile ubeđene da to neće od oca i dobiti.

Matilda je otišla gore da se presvuče. Mnogo je razmišljala o tome kako će dočekati Hadrijana i impresionirati ga. A on ju je zatekao sa maramom na glavi, i njenim tananim rukama potopljenim u sapunici. Ali ona nije marila za to. Sada se obukla, birajući svaki detalj sa najvećom pažnjom, brižljivo pokupivši svoju lepu, dugu plavu kosu, stavila pudera i malo ruža a preko meke zelene haljine okačila svoju dugu nisku finih kristalnih kuglica. Sada je bila elegantna, poput heroina iz ilustrovanih magazina i skoro isto tako nestvarna.

Zatekla je Hadrijana u razgovoru sa njenim ocem. Po pravilu, mladić je bio škrt na rečima, ali je ipak nalazio zajednički jezik sa svojim „ujakom". Pili su brendi, pušili i ćaskali kao dvojica starih pajtaša. Hadrijan je pričao o Kanadi. Želeo da se vrati tamo čim dobije odsustvo.

„Onda, ne nameravaš da ostaneš u Engleskoj?" upita gospodin Rokli.

„Ne, ne bih ostajao ovde."

„Kako to? Pa ovde ima puno električara", reče Rokli.

„Da, ali ovde postoji velika razlika između poslodavaca i zaposlenih – suviše velika razlika za mene", odgovorio je mladić.

Bolesni Rokli ga je pažljivo pogledao očima koje su se čudno smeškale.

„To je to, zar ne?" zaključio je.

Matilda je slušala i razumela. „O, pa to je dakle tvoja briljantna ideja, mali moj čoveče", reče ona u sebi. Uvek je govorila da Hadrijan nema dovoljno poštovanja prema bilo kome ili bilo čemu, da je prepreden i prost. Sišla je u kuhinju na tihi razgovor sa Emi.

„On prilično umišlja o sebi" šapnula je.

„Pa on je neko, zar ne!" uzvratila je Emi prezrivo.

„On misli da ovde postoje velike razlike između gazda i zaposlenih", reče Matilda.

„Pa je li u Kanadi drugačije?" upitala je Emi.

„O, baš demokratski", odgovorila je Matilda. „On smatra da su tamo svi jednaki."

„Ah, pa on je sada ovde", reče Emi odsečno, „neka preuzme svoj željeni status."

Dok su pričale ugledale su mladića kako neobavezno šetka vrtom i posmatra cveće. Ruke je držao u džepovima a vojnička kapa uredno je stajala na njegovoj glavi. Delovao je prilično spokojno i siguran u sebe. Dve ustreptale žene posmatrale su ga sa prozora.

„Znamo zbog čega je došao", grubo reče Emi. Matilda je dugo posmatrala skladnu figuru u uniformi; još uvek je nešto u njemu podsećalo na dečaka iz sirotišta; ali to je sada bila figura muškarca, uglađenog, nabijenog plebejskom energijom. Razmišljala je sa kakvim prezrenjem u glasu je Hadrijan govorio u ime potčinjenih klasa dok je sedeo sa njenim ocem.

„Ali mi ipak ne znamo Emi. Možda on nije došao zbog toga", prigovorila je sestri. Naravno, bila je reč o novcu.

Još uvek su posmatrale mladog vojnika. On je sada stajao u dnu vrta, leđima okrenut, s rukama u džepovima, i posmatrajući vodu u vrbaku. Matildine tamnoplave oči prlično oborenih kapaka, na kojima su bile jedva primetne plave vene, imale su čudan, potpuni pogled u sebi. Glavu je držala visoko i s lakoćom, ali imala je bolni izraz. Mladić u bašti se okrenuo, usmerivši pogled ka stazi. Možda ih je ugledao kroz staklo prozora. Matilda se povukla u senu.

Tog popodneva njihov otac izgledao je slabašan i bolestan. Lako je gubio snagu. Doktor je stigao, i izvestio Matildu o teškom stanju njenog oca; smrt je mogla doći iznenada i to se moglo desiti svakog trenutka, ali je postojala nada da otac može i preživeti. Morale su da budu spremne na sve.

Tako je prošao dan, i sledeći. U međuvremenu, Hadrijan se udobno smestio u kući. Izlazio je svakog jutra, lagano obučen u smeđu košulju bez ovratnika i vojničke pantalone. Šetkao se po imanju, kao da je imao kakav tajni plan, a sa sa gospodinom Roklijem razgovarao kad je to ovome snaga dopuštala. Devojke su uvek bile pomalo srdite kad su muškarci sedeli, ćaskajući kao stari drugari. No, glavna tema razgovora bila je politika, uglavnom. Predveče, drugog dana od Hadrijanovog dolaska, Matilda je sedela sa ocem. Skicirala je crtež, po uzoru na sliku koju je želela da iskopira. Bilo je veoma mirno, Hadrijan je nekud izašao – ko zna kud, a Emi je bila u poslu. Gospodin Rokli je ležao u krevetu, i u tišini posmatrao zalazak sunca u svom vrtu.

„Ako mi se nešto dogodi, Matilda", rekao je, „nemojte prodati kuću – ostanite ovde."

Sa strepnjom u očima, Matilda je posmatrala svoga oca.

„Pa, šta bi smo drugo mogle", reče ona.

„Nikad se ne zna", rekao je.

„Sve ostavljam tebi i Emi, podjednako. Radite što vam volja – samo nemojte prodavati kuću, čuvajte je."

„Dobro", rekla je.

„A, Hadrijanu dajte moj sat sa lancem, i hiljadu funti sa računa u banci – i pružite mu pomoć ako je ikada bude tražio. Nisam stigao da stavim njegovo ime u testament".

„Tvoj sat sa lancem, i hiljadu funti – dobro. Ali bićeš tu sa nama i kada se on vrati nazad u Kanadu."

„Nikad ne znaš, šta se može dogoditi", reče Rokli.

Strepnja u Matildinim očima nije jenjavala dok je sedela i posmatrala oca, kao u transu. Znao je da ne može još dugo i ona je to videla. Videla je to poput nekog proroka.

Nešto kasnije, obavestila je sestru o svom razgovoru sa ocem, o satu sa lancem i novcu.

„Kakva prava *on* ima" – mislila je na Hadrijana – „na očev sat sa lancem – šta on ima s tim? Neka uzme novac, i neka ide", reče Emi. Volela je svoga oca.

Te noći Matilda je dugo sedela u svojoj sobi. Bila kao u bunilu, a njeno srce je bilo uznemireno i slomljeno. Bilo joj je zaista teško, tako teško da nije mogla čak ni da zaplače, stalno misleći na oca, samo na svoga oca. Napokon, osetila je da mora otići do njega.

Ponoć se bližila. Pošla je hodnikom ka njegovoj sobi. Blaga mesečeva svetlost ispunjavala je prostorije. Zastala je pred vratima osluškujući. Otvorila ih je tiho i zakoračila. Soba je bila tamna. Čula je pokretanje u krevetu.

„Jesi li zaspao?" rekla tiho, približivši se.

„Spavaš li?" nežno je ponovila, dok je stajala pored kreveta. Kroz tamu sobe, pružila je svoju ruku ka njegovom čelu. Njeni prsti, blago su prešli preko nosa i obrva a onda je svoju finu, nežnu ruku položila na njegovo čelo. Osetila je svežu i glatku kožu čela – veoma svežu i glatku. U stanju transa u kome je bila, kroz nju je prostrujalo nekakvo uzbuđenje. To je nije trglo. Nežno se nadvila nad krevet i provukla prste kroz njegove šiške na čelu.

„Zar ne možeš da zaspiš večeras?" upitala je.

Usledio je zvuk žustrog pokreta u krevetu. „Da, mogu," glas je odgovorio. Bio je to Hadrijanov glas. Ustuknula je. U trenu, ona se trgla iz transa. Setila se da je njen otac dole u prizemlju a Hadrijan tu u očevoj sobi. Stajala je u mraku, prevarena.

„Hadrijane, to si ti?" reče. „Mislila sam da je moj otac". Bila je tako zapanjena, tako šokirana da se nija mogla pomeriti. Mladić se neprijatno nasmejao i okrenuo u krevetu.

Napokon, izašla je iz sobe. Kada se ponovo našla u svojoj sobi, na svetlu, i kada je zatvorila vrata, podigla je ruku kojom ga je dodirnula kao da je bila ozleđena. Bila je toliko iznenađena, da to gotovo nije mogla podneti.

„Pa," rekao je njen smireni i trezveni um, „to je bila samo greška, zašto joj pridavati značaj."

Ipak, svoja osećanja nije mogla tako lako umiriti. Patila je, osećajući se nelagodno u svemu tome. Ruka koju je nežno položila na njegovo mlado glatko lice, bolela ju je kao da je odista bila povređena. Nije mogla oprostiti Hadrijanu za ovu grešku: osećala je duboki prezir prema njemu.

Kao i ona, Hadrijan je loše spavao. Probudilo ga je otvaranje vrata, i nije shvatao šta je značilo njeno pitanje. Ipak, mekoća i nežnost njene zalutale ruke, pokrenula je nešto u njegovoj duši. Bio je dečak iz sirotišta, otuđen i zatvoren u sebe. Izuzetna nežnost i pažnja zadivila ga je, probudivši u njemu do tada nepoznata osećanja. Kada je sledećeg jutra sišla u prizemlje, mogla je da primeti pozornost u njegovim očima. Pokušavala je da njeno držanje bude takvo, kao da se ništa nije dogodilo, i uspevala je. Bila je smirena i pribrana, uz njoj svojstvenu nezainteresovanost na koju se navikla u svojoj patnji. Dok ga je gledala svojim tamnim, skoro omamljenim plavim očima, primetila je iskru pozornosti u njegovim, ali je odolevala. Svojom dugom tankom rukom sipala je šećer u njegovu kafu.

S druge strane, nije uspevala da ga obuzda onako kako je mislila da će moći. Sveže sećanje, pokretalo je njegov um, niz novih i neznanih osećaja ključali su u njegovoj svesti. Nešto sasvim novo budilo se u njemu. Svoju tajnu čuvao je kao trofej. Bila je u njegovoj milosti jer njegovi standardi nisu bili i njeni, doživljavala ga je kao beskrupuloznog.

Radoznalo ju je posmatrao. Prevelikog nosa, sitne brade i tankog vrata ona nije bila naročito lepa.

Ali je imala finu, glatku kožu, otmeno držanje i izraženu osećajnost. Ovaj poseban kvalitet nasledila je od oca. Dečak iz sirotišta gledao je njene, prstenjem ukrašene, duge bele prste. Isti onaj sjaj koji je imao stari Rokli on je sada video u njoj. I on je želeo to da poseduje, želeo je da postane gospodar toga. I dok se šetkao kroz staro grnčarsko dvorište, njegov tajanstveni um neprestano je razmatrao mogućnosti. Neobična nežnost koju je osetio u njenoj ruci, na svom licu – bilo je ono čemu je stremio. Kovao svoj plan u tajnosti.

Posmatrao je Matildu dok se kretala naokolo, i ona je bila svesna njegove pozornosti, kao neke senke koja ju je pratila. Ali, njen ponos je činio da ga ignoriše. Kad bi se šetkao u njenoj blizini, držeći ruke u džepovima, odnosila se prema njemu sa uobičajenom ljubaznošću. Primao je to teško, teže od bilo kakvog prezira. Njeno otmeno držanje činilo ga je inferionim. Postavila se prema njemu upravo onako kako je on oduvek osećao: živeo je sa njima u kući, ali je ipak bio stranac. Ona se, ipak, sa strahom sećala dodira svoje ruke i njegovog lica. Osećala je nelagodnost kad god bi se toga setila. Njena ruka, kao da ju je izdala, i želela je da je odseče. Želela je da preseče svako sećanje na njega. Želela je to žestoko. Smatrala je to svršenim.

Jednog dana, kada je seo da porazgovara sa svojim „ujakom", pogledao je bolesnog čoveka pravo u oči i rekao:

„Ali ja ne bih voleo da živim i umrem ovde u Rosliju."

„Ne – pa ne moraš", reče Rokli.

„Misliš li da će rođaka Matilda to prihvatiti?"

„Mislim da hoće."

„Ne smatram to nekim životom", rekao je mladić. „Koliko je ona starija od mene, ujače?"

Bolesni Rokli pogledao je mladog vojnika.

„Prilično", odgovorio je.

„Ima li preko trideset?" upita Hadrijan.

„Trideset dve."

Hadrijan je promislio.

„Ne izgleda tako," reče.

Stari Rokli je ponovo pogledao mladića.

„A da li bi ona otišla odavde?" upita Hadrijan.

„Ne bih to znao," odgovorio je umorno.

Hadrijan je sedeo mirno, razmišljajući. A onda je tihim i tananim glasom, kao da je to izašlo iz njega, rekao:

„Uzeo bih je za ženu ako bi ti tako hteo."

Bolesni čovek je iznenada podigao pogled, zagledavši se u mladića. Gledao ga je dugo. Mladić je zagonetno gledao kroz prozor.

„*Ti!*" reče stari Rokli, podrugljivo i pomalo prezrivo. Hadrijan se okrenuo pogledavši ga u oči. Dok su se tako gledali, na neki čudan način razumeli su jedan drugog.

„Ako ti nisi protiv toga" rekao je Hadrijan.

„Ne," reče on, okrenuvši se „Ne mislim da imam bilo šta protiv. Nisam o tome nikada razmišljao."

„Ali – ali Emi je najmlađa."

Ipak, njegovo bledo lice je porumenelo i odjednom je izgledao mnogo životnije. Potajno je voleo dečaka.

„Mogao bi je pitati," reče Hadrijan.

Stari čovek je razmišljao.

„Zar nije bolje da je ti pitaš?" reče.

„Ona će više slušati tebe," reče Hadrijan.

Obojica su ćutali. Tada je ušla Emi.

Naredna dva dana gospodin Rokli bio je podjednako uzbuđen i zamišljen. Hadrijan je izlazio tiho, tajnovito i bez pitanja. Napokon, otac i ćerka zatekli su se sami. Bilo je veoma rano izjutra i otac je osećao jake bolove. U trenucima kada je bol popuštao, ležao mirno i razmišljao.

„Matilda!" progovorio je iznenada, pogledavši svoj ćerku.

„Da, tu sam," rekla je.

„Želeo bi da nešto uradiš."

Ona je ustala u iščekivanju.
„Ne, sedi sad! Želim da se udaš za Hadrijana."
Pomislila je da on bunca. Ustala je, zbunjena i uplašena.
„Ne, sedi, samo ti sedi. Slušaj me šta ti govorim."
„Ali oče, ti ne znaš šta govoriš."
„O, vrlo dobro znam. Želim da se udaš za Hadrijana, to ti govorim."
Bila je zabezeknuta. On je bio čovek koji inače nije mnogo govorio.
„Učinićeš šta ti kažem," rekao je.
Posmatrala ga je pažljivo.
„Šta li te je navelo na takvu ideju?" pitala je ponosno.
„On me je naveo".
Prestala je da gleda u oca, oborivši pogled, njen ponos je bio povređen.
„Zašto, to je sramotno," rekla je.
„Zašto?"
Pogledala ga opet.
„Zašto to tražiš od mene?" upitala je. „To je odvratno."
„Momak je bio ozbiljan," odgovorio je.
„Bolje mu reci da se gubi", hladno je rekla.
Okrenuo se i pogledao kroz prozor. Ona je dugo sedela, kruto i crvena u licu.
Napokon, njen otac se okrenuo, besno.
„Ako nećeš," rekao je, „ti si budala, i za svoju budalaštinu ćeš platiti, videćeš."
Iznenada, obuzeo ju je ledeni strah. Nije mogla da poveruje šta joj se dešava. Bila je prestrašena i

unezverena. Zurila je u oca, činio joj se kao da je u bunilu, lud ili pijan. Bila je nemoćna.

„Reći ću ti nešto," progovorio je. „Poslaću po Vitla već sutra, ako ne pristaneš. Nijedna od vas neće dobiti ništa od mene."

Vitl je bio očev advokat. Bilo joj je jasno šta to znači: poslaće po svoga advokata, i reći mu da je Hadrijan jedini naslednik; ni ona ni Emi neće dobiti ništa. Bilo je to previše. Ustala je, izašla iz sobe i otišla pravo u svoju, zaključavši se. Nije izlazila nekoliko sati. Ipak, kasno uveče ona se poverila Emi.

„Podmukli đavo, on želi novac," reče Emi. „Otac je sišao s uma."

Pomisao da Hadrijan hoće isključivo i samo novac, za Matildu je bio još jedan udarac. Istina, nije volela neobuzdanog mladića ali još uvek nije mislila o njemu kao o nekom zlu. Sada, on joj je delovao zastrašujuće.

Sledećeg dana Emi je žestoko raspravljala sa ocem.

„Ne misliš ozbiljno ono što si rekao Matildi juče, zar ne oče?" upitala je agresivno.

„Da," odgovorio je.

„Šta, to da ćeš izmeniti testament?"

„Da."

„E, nećeš," reče njegova ćerka, ljutito.

Ali on ju je pogledao, uz pomalo pakostan osmeh.

„Eni!" povikao je. „Eni?"

U njemu je još uvek bilo snage da povisi svoj glas. Zlužavka je došla iz kuhinje.

„Obuci se i idi do Vitlove kancelarije, i reci da želim da ga vidim što je pre moguće, i neka ponese testament."

Bolesnik se malo zavalio unazad – nije mogao da legne. Njegova ćerka je sela kao da je pogodio grom. Potom je izašla iz sobe.

Hadrijan je šetkao baštom. Krenula je pravo ka njemu.

„Čuj", reče. „Bolje bi ti bilo da ideš. Uzmi svoje stvari i idi odavde, što pre."

Hadrijan je mirno pogledao gnevnu devojku.

„Ko to kaže?" upitao je.

„*Mi* tako kažemo – idi, već si učinio dovoljno zla i štete."

„Da li i ujak to kaže"

„Da, kaže."

„Idem da ga pitam."

Kao furija, Emi mu je stala na put.

„Ne, nećeš. Ne moraš da ga pitaš ama baš ništa. Ne trebaš nam, zato idi."

„Ujak je šef ovde."

„Čovek umire, a ti se šunjaš naokolo i vrebaš njegov novac! – ne zaslužuješ da živiš."

„O!" reče on. „Ko kaže da vrebam njegov novac?"

„Ja. Ali moj otac je rekao Matildi, zna *ona* ko si i šta si. Zna šta si naumio. Stoga, možeš se odmah čistiti odavde, ovde si samo bedni uličar."

Okrenuo joj je leđa i počeo da razmišlja. Nije očekivao da će oni pomisliti da on želi njihov novac. Novac mu je *bio* potreban – veoma. Žarko je želeo da sâm bude poslodavac, ne jedan od radnika. Ipak, oštroumni i proračunati mladić bio je svestan da Matildu nije želeo zbog novca. Želeo je Matildu a novac mu je trebao. Ali je znao da su to bile dve odvojene želje, a ne jedna. Sa Matildom ne bi mogao *bez* novca. Ali, za njom nije žudeo *zbog* novca.

Kada je ovo raščistio u glavi, tražio je priliku da joj to saopšti. Vrebao je i posmatrao. Međutim ona ga je izbegavala. Uveče je došao advokat. Gospodin Rokli je osećao neki čudan priliv snage u sebi – sastavljen je novi testament, a stari je bio uslovljen ispunjenjem njegovih zahteva.

Stari testament će važiti ukoliko Matilda prihvati da se uda za Hadrijana. Ako pak odbije, po isteku šest meseci, čitavo imanje pripašće Hadrijanu.

Gospodin Rokli, saopštio je ovo mladiću, pomalo zlobno i sa zadovoljstvom. Činilo se kao da ima neku čudnu, gotovo nerazumnu želju da se osveti ženama kojima je toliko dugo bio okružen i koje su se brižljivo starale o njemu.

„Ti im saopšti u moje ime" reče Hadrijan.

Tada gospodin Rokli posla po svoje ćerke.

Konačno, one su nevoljno došle, blede i ćutjive. Matilda je izgledala potpuno slomljena, a Emi je bila kao borac koji je spreman da se bori do smrti. Bolesni otac ležao je u krevetu, sa sjajem u očima i drhtavih ruku. Njegovo lice je ponovo poprimilo nešto od one stare, blistave lepote. Hadrijan je bio povučen, mirno je sedeo: neukrotivi i opasni dečko iz sirotišta.

„Evo oporuke," reče njihov otac, pokazujući na papir.

Žene su sedele, nemo i nepomično, kao da ga nisu primećivale. „Ili ćeš se udati za Hadrijana ili on dobija sve", rekao je otac, zadovoljno.

„Onda, neka dobije sve", odgovorila mu je Matilda hladno.

„Neće! Neće!" besno je vikala Emi. „Neće on to imati. Bedni uličar!"

Otac je delovao kao da ga sve ovo zabavlja.

„Čuješ li ovo Hadrijane?" upitao je mladića.

„Ja nisam ponudio rođaci Matildi brak zbog novca", rekao je, pocrvenevši, dok se nervozno pomerao na stolici.

Matilda ga je odmerila polako, svojim tamnoplavim, kao opijenim očima. Izgledao joj je kao neko neobično malo čudovište.

„Onda zašto, lažljivče, kad znaš da je tako", vikala je Emi.

Bolesni otac se nasmejao. Matilda je nastavila da čudno promatra mladića.

„Ona zna da nisam", rekao je Hadrijan. Skupio je hrabrost, kao što je i pacov pred svoj kraj nesavladiv. Hadrijan je imao nešto od tih pacovskih kvaliteta – prikladnost, smirenost i pritajenost. Ali, on je možda imao i iskonsku kuraž, kuraž koja se ničim ne može ugasiti.

Emi je pogledala u svoju sestru.

„Dobro, onda", izgovorila je. „Matilda – nemoj se uzbuđivati. Pusti ga neka uzme sve, a mi ćemo se i same snaći."

„Znam da će uzeti sve", rekla je Matilda rasejano.

Hadrijan nije progovarao. On je u stvari znao da će, ako ga Matilda odbije, uzeti sve i otići sa tim.

„Lukavi mali muškarac", rekla je Emi podrugljivo.

Otac se nasmejao tiho, u sebi. Ali on je bio umoran...

„Idite sada", reče, „idite, ostavite me na miru."

Emi se okrenula i pogledala ga.

„Zaslužuješ ovo što si dobio", rekla mu je nabusito.

„Idite", uzvratio je nežno. „Idite."

Još jedna noć je prošla – uz gospodina Roklija probdela je bolničarka. Osvanuo je i novi dan. Hadrijan je bio tu kao i uvek, u svojoj vunenoj košulji i grubim vojničkim pantalonama, golog vrata. Matilda je ušla, krhka i odsutna, a potom i Emi crnih veđa, iako je bila plavuša. Bili su ćutljivi, nisu želeli da ionako začuđena služavka dozna sve.

Gospodin Rokli imao je velike napade bolova, pa nije mogao da diše. Izgledalo je da se kraj bliži. Svi su se držali mirno i stoički, nesavitljivo. Hadrijan se mučio. Ako se Matilda ne uda za njega, on će otići u Kanadu sa 20.000 funti. Izgledi su bili vrlo dobri. Ako Matilda pristane, neće imati ništa – ona će zadržati očev novac.

Emi je bila ona koja je sada vukla poteze. Otišla je po advokata i on je sa njom došao kući. Razgovarali su, Vitl je pokušao da uplaši mladića i odbije ga natrag – ali bez uspeha. Tada su se sestre i njihov advokat predali – ali Hadrijan je zurio u njih, ne obazirući se. Naravno da ga je ovo razbesnelo.

Želeo je da uhvati Matildu nasamo. Mnogo dana je prošlo, a da u tome nije uspevao: ona ga je izbegavala. Konačno, vrebajući priliku, iznenadio ju je jednog dana kada je pošla da ubere ogrozd, i presekao joj put. Odmah je prešao na stvar.

„Znači, ti me ne želiš?" rekao joj je svojim suptilnim, ulagujućim glasom.

„Ne želim da razgovaram s tobom", odbrusila je, sklanjajući lice.

„Ali ipak, ti si me dotakla svojom rukom", rekao je: „Da nisi to učinila, ni ja ne bih sada razmišljao o tome. Nije trebalo da me dodirneš."

„Da si ti iole pristojan, znao bi da je to bila greška, i zaboravio bi", rekla je.

„Znam da je bila greška, ali neću da zaboravim. To je kao kada probudiš čoveka iz sna – on ne može ponovo da zaspi samo zato što mu tako narediš".

„Da u tebi postoji imalo pristojnosti ti bi otišao odavde", ponovila mu je.

„Nisam želeo da odem."

Zagledala se u daljinu. Konačno ga je upitala:

„Zašto me progoniš, ako to nije zbog para? Dovoljno sam stara da ti budem majka. Na neki način ja sam ti i bila majka."

„To nije važno", rekao joj je. „Nisi ti meni bila majka. Hajde da se venčamo i odemo u Kanadu – mogli bismo – pa ti si me dotakla."

Bila je bleda i drhtala je. Iznenada se zacrvenela od besa.

„To je tako *nepristojno*", reče.

„Kako?" uzvratio je. „Pa, dotakla si me".

Otišla je. Osećala je da je u njegovoj zamci. On je bio besan i očajan, ponovo se osetio prezrenim.

Isto veče, ona je došla ocu u sobu.

„Da", reče iznenada. „Udaću se za njega".

Otac ju je pogledao. Imao je bolove i bilo mu je veoma loše.

„Sada ti se on sviđa, zar ne?" reče, slabašno se osmeškujući.

Pogledala je njegovo lice i videla da mu je kraj blizu. Okrenula se bezosećajno i izašla iz sobe.

Advokat je trebalo da dođe, a pripreme su užurbano vršene. U međuvremenu Matilda nije pričala sa Hadrijanom, niti mu je odgovarala ako bi joj se on obratio. Ujutro joj je prišao.

„Znači da si se odlučila?" pitao je, prijatno je gledajući svojim žmirkavim, gotovo ljubaznim očima. Ona ga je pogledala i okrenula se u stranu. Ipak ga je posmatrala onako iskosa. Ali on je odoleo i trijumfovao.

Emi je buncala i plakala, jer tajna se raščula. Matilda je bila tiha i nepomična, a Hadrijan miran i zadovoljan, mada i sam u strahu. Ali, držao se dobro. Gospodin Rokli, iako jako bolestan, držao se nepromenjeno.

Trećeg dana obavljeno je venčanje. Matilda i Hadrijan došli su pravo kući, i pravo u sobu kod umirućeg čoveka. Njegovo lice se ozarilo jasnim, treperavim osmehom.

„Hadrijane – imaš je?" pitao je promuklo.

„Imam", odgovorio je Hadrijan, bled kao krpa.

„Dragi moj mladiću, srećan sam što si ti moj", rekao mu je umirući otac. Onda je dobro pogledao Matildu.

„Da vidimo tebe, Matilda", reče. Tada mu glas postade čudan i neprepoznatljiv.

„Poljubi me", reče.

Prišla mu je i poljubila ga. Nikada ga pre nije poljubila, možda samo kada je bila dete. Bila je tiha i vrlo mirna.

„Poljubi njega", rekao joj je otac. Matilda je pokorno napućila usta i poljubila svog mladog supruga.

„Tako je! Tako je!" mrmljao je čovek na samrti.

KĆER TRGOVCA KONJIMA

„Pa dobro, Mejbl, a šta ćeš ti sada učiniti sa sobom?" upitao je Džo, drsko. On sam, osećao se prilično siguran u sebe. Onda se okrenuo, ne sačekavši odgovor, iispljunuo parče duvana sa vrha jezika. Ni o čemu nije vodio računa pošto se osećao sigurnim u sebe.

Tri brata i sestra sedeli su oko praznog stola, posle doručka, započinjući neku vrstu neobaveznog dogovora. Jutarnja pošta je konačno stavila tačku na porodično bogatstvo, i sada je s tim bilo gotovo. I sama sumorna trpezarija, sa svojim teškim nameštajem od mahagonija, kao da je čekala da s njom bude završeno.

Ali, konsultacije nisu dovele ni do čega. Vladala je neka čudna zaludnost između ova tri čoveka, dok su, zavaljeni za stolom, pušili i nejasno razmišljali o svom statusu. Devojka je bila oniska, namrgođena mlada žena od svojih 27 godina. Ona nije vodila isti život kao njena braća.

„Buldog", tako su je braća zvala.

Spolja je dopirao konfuzan zvuk konjskih kopita. Sva trojica su se izvila iz svojih stolica da bi videli. Iza tamnog žbunja od dračevine, koje je razdvajalo travnati deo od puta videli su paradu grofovskih konja koja se njihala u njihovom dvorištu, koje je služilo za vežbu. Ovo je bilo poslednji put. Ovo su bili poslednji konji koji će proći kroz njihove ruke. Mladići su posmatrali kritično, bez emocija. Oni su svi bili zaplašeni kolapsom svojih života, a svest o katastrofi u koju su bili umešani nije ih činila spokojnim.

Pa ipak, oni su bili tri fina mladića. Džo, najstariji, bio je tridesettrogodišnji čovek, neposredan i zgodan na neki vruć, gord način. Imao je crveno lice. Oko svog debelog prsta uvijao je crni brk, oči su mu bile nemirne, bez dubine. Na neki senzualan način otkrivao je zube kada bi se osmehnuo, i imao je glupavo držanje. Sada je posmatrao konje sa nekim uglađenim izgledom bespomoćnosti u očima, sa izvesnim stanjem otupelosti.

Veliki tegleći konji prošli su njišući se. Bili su vezani od glave do repa, njih četiri. Uzdizali su se tamo gde se staza odvaja od puta, držeći svoja velika kopita kao u poruzi, u finom crnom blatu, besno njišući svoje velike okrugle bokove, i kasajući u nekoliko naglih koraka dok su ih vodili do staze, iza ugla. Svaki njihov pokret otkrivao je veliku, pritajenu snagu i njihovu glupost koja ih je i držala potčinjenim. Konjušar na čelu se osvrnuo, potežući ular na kome ih je vodio. Kavalkada se izgubila s vidika, a poslednji konj u nizu mlatarao je repom, zbacivao uže sa svojih zaklaćenih bedara, stupajući napred pored živice u pokretu gotovo pospanom.

Džo je imao uglađen, beznadežni pogled dok je ovo posmatrao. Osećao je konje kao svoje telo, i osećao je da je sada s njim bilo svršeno. Na sreću, bio je veren sa ženom njegovih godina, tako da će mu njen otac koji je bio upravitelj susednog imanja, verovatno obezbediti zaposlenje. On će se oženiti i postati i sam deo opreme. S njegovim životom bilo je gotovo, odsad i on postaje potčinjena životinja.

Nevoljno se okrenuo na stranu, zvuk konjskog hoda u povlačenju odzvanjao mu je u ušima. Tada je, sa budalastom smirenošću posegao za ostacima slanine sa tanjira i, ispustivši prigušeni zvižduk, bacio ih terijeru koji je ležao uz ogradu. Gledao je psa kako ih guta i sačekao dok ga životinja nije pogledala u oči. Onda mu se na licu pojavio nejasan smešak, i rekao je povišenim, budalastim glasom:

„Nećeš baš dobiti još mnogo slanine, ti mali đavole!"

Pas je slabo i žalosno mahnuo svojim repićem, potom je spustio bokove, okrenuo se u krug, i ponovo legao.

Opet je zavladala bespomoćna tišina za stolom. Džo se s mukom zavalio u svojoj stolici, ne nameravajući da ode, sve dok se porodični skup ne raziđe. Fred Henri, drugi brat, stajao je napet. On je s više *sang-froid*[1] posmatrao prolazak konja. Da je bio životinja, poput Džoa, on bi bio životinja koja kontroliše, ne ona koja je kontrolisana. On je bio gospodar bilo kog konja, i nosio se sa tom atmosferom gospodarenja. Ali nije bio gospodar životnih situacija. Sklonio je svoje grube smeđe brkove naviše, sa usta, i bacio nervozan pogled na svoju sestru koja je sedela, ravnodušna i nedokučiva.

---

[1] (Franc.) hladnokrvnost *(Prim. prev.)*

„Otići ćeš kod Lusi i kod nje ostati neko vreme, zar ne?" upitao je. Devojka mu nije odgovarala.

„Ne vidim šta bi drugo mogla da uradiš", bio je uporan Fred Henri.

„Neka ide kao drolja", Džo je ubacio lakonski. Na devojci se nije pomerao nijedan mišić.

„Da sam ja ona, išao bih na obuku za bolničarku", rekao je Malkolm, najmlađi od svih. On je bio beba u porodici, mlad dvadesetdvogodišnjak, sa svežim *museau*[1].

Mejbl ih nije primećivala. Tako su joj puno drobili svih ovih godina, da ih je ona jedva slušala.

Mermerni sat na polici kamina tiho je otkucao pola časa, pas se nevoljno podigao sa prostirke od ognjišta i pogledao na zabavu za stolom. Ali oni su još uvek sedeli uzaludno.

„Dobro" reče Džo iznenada, bez ikakvog razloga. „Ja sad idem."

Gurnuo je unazad stolicu, raširio kolena i pokretom ruke nadole cimnuo pantalone, u jahaćem maniru i otišao do vatre. Još uvek nije izlazio iz sobe; bio je znatiželjan da vidi šta će ostali uraditi ili reći. Počeo je da puni svoju lulu, gledajući u psa i govoreći mu visokim ali afektiranim tonom:

„O'š sa mnom, a Teri?"

Pas je jedva mahnuo repom, čovek je isturio vilicu i pokrio lulu rukama, namerno je ispustio oblak dima i, gubeći se u njemu, sve vreme gledao psa odsutnim smeđim očima. Pas ga je pogledao tužno, u neverici. Džo je stajao na kolenima – u pravom jahaćem maniru.

---
[1] (Franc.) njuška – *(Prim. prev.)*

„Jesi li dobila pismo od Lusi?" pitao je Fred Henri svoju sestru.

„Prošle nedelje", glasio je ravnodušan odgovor.

„Šta ti piše?"

Nije bilo odgovora.

„Da li te *pita* da dođeš i ostaneš kod nje?" bio je uporan Fred Henri.

„Ona kaže da mogu ako ja tako hoću".

„Pa onda, bolje bi ti bilo. Reci joj da ćeš doći u ponedeljak".

Opet je zavladala tišina.

„To je onda ono što ćeš uraditi, zar ne?" rekao je Fred Henri u nekoj razdraženosti.

Ali ona mu nije odgovorila. U tišini sobe osećala se praznina i neka napetost. Malkolm se priglupo nakezio.

„Moraćeš se odlučiti do sledeće srede", reče Džo glasno „u protivnom smesti se na ulicu".

Lice mlade žene je potamnelo, ali je ostala da sedi nemo.

„Evo ide Džek Ferguson!" uzviknuo je Malkolm, koji je besciljno gledao kroz prozor.

„Gde?" glasno upita Džo.

„Upravo je promakao".

„Ide li kod nas?"

Malkolm je izvio vrat da bi video kapiju. „Da", reče.

Vladala je tišina. Mejbl je sedela kao osuđenik na čelu stola. Onda se iz kuhinje začuo zviždúk. Pas je poskočio i oštro zalajao. Džo je otvorio vrata i povikao:

„Uđi!"

Ubrzo se pojavio mladi čovek. Bio je umotan u ogrtač i ružičasti vuneni šal, a kapa od tvida, koju nije skinuo, bila mu je natučena na glavu. Bio je srednje visine. Lice mu je bilo duguljasto i bledo, oči su mu bile umorne.

„Zdravo Džek! Šta ima?" uzviknuli su Malkolm i Džo. Fred Henri je samo rekao „Džek".

„Šta se radi?" upitao je posetilac, očigledno se obraćajući Fred Henriju.

„Sve je po starom. Treba da se iselimo do srede – prehlađen si?"

„Da, gadno".

„Zašto nećeš da ostaneš?"

„*Ja* da ostanem? Pa pošto su mi slabe noge možda bih i mogao".

Mladić je promuklo pričao. Imao je pomalo škotski akcenat.

„To je nokaut za tebe, ha?" bučno je rekao Džo. „Jedan doktor da hoda naokolo sa prehladom. Loše deluje na pacijente, a?"

Mladi doktor ga je odmerio.

„Možda *tebi* nešto fali?" upitao ga je sarkastično.

„Ne, koliko znam. Proklet bio, nadam se da je tako. A zašto?"

„Mislio sam da si bio vrlo zabrinut za pacijente, pa sam se pitao da nisi i sam bolestan."

„Prokletstvo, nisam, nikada nisam ni bio pacijent nijednom doktoru sa vrućicom, i nadam se da neću nikada ni biti" uzvratio mu je Džo.

U tom trenutku Mejbl se digla od stola i sada je izgledalo kao da su svi prisutni postali svesni njenog prisustva. Počela je da sakuplja posuđe.

Mladi doktor je posmatrao, ali joj se nije obraćao. Nije je pozdravio. Izašla je iz sobe sa poslužavnikom, lice joj je bilo ravnodušno i nepromenjeno.

„Pa onda, kada svi odlazite?" pitao je doktor.

„Ja hvatam onaj u jedanaest i četrdeset" odgovorio je Malkolm. „Kupiš li prnje, Džo?"

„Da, već sam ti rekao da se kupim, zar ne?"

„Onda bi nam bilo bolje da je ostavimo unutra. Zbogom Džek, ako se ne vidimo pre nego što odem" rekao je Malkolm, rukujući se sa njim.

Izašao je, a za njim Džo, koji je izgledao kao da je podvio rep.

„Izgleda da je ovo đavo odneo", rekao je doktor, koji je sada ostao sam sa Fred Henrijem. „Odlazite pre srede, zar ne?"

„Takva su naređenja", odgovorio mu je ovaj.

„A kuda, u Nortempton?"

„Tako je."

„Do đavola!" reče tiho Ferguson, sa velikim žaljenjem. Onda je opet zavladala tišina.

„Svi ste se negde smestili, a?" pitao je Ferguson.

„Skoro".

Opet je usledila pauza.

„E, pa, nedostajaćete mi, Fredi-boj", rekao je mladi doktor.

„I ti ćeš meni, Džek", uzvrati mu ovaj.

„Užasno ćete mi nedostajati", odsutno je ponovio doktor.

Fred Henri se okrenuo. Ništa nije bilo da se kaže. Mejbl je opet ušla, da završi pospremanje stola.

„Šta ćete *vi* uraditi, gospođice Pervin?" pitao ju je Ferguson. „Odlazite kod svoje sestre, zar ne?"

Mejbl ga je gledala svojim nepokolebljivim, opasnim pogledom, koji je uvek činio da se on oseti neprijatno, remeteći njegovu spoljašnju mirnoću.

„Ne", rekla je.

„Pa šta ćeš onda *ti,* za ime Boga, učiniti? Kaži, šta *nameravaš?"* viknuo je Fred Henri sa besmislenom jačinom.

Ali, ona je samo okrenula glavu i nastavila sa poslom. Savila je beli stolnjak i postavila mušemu.

„Najzlovoljnija kučka koja je ikada postojala!" progunđao je njen brat.

Ona je završila svoj posao sa savršeno ravnodušnim izrazom lica, dok ju je mladi doktor sve vreme posmatrao. Onda je izašla.

Fred Henri je gledao za njom stiskajući usta, njegove plave oči fiksirale su u oštrom antagonizmu, dok mu je na licu bio izraz gorkog besa.

„Mogao bi je tući do smrti, i to je sve što ćeš iz nje izvući", reče tiho.

Doktor se slabo osmehnuo.

„Šta će ona onda *uraditi?"* pitao ga je.

„Ubij me ako znam!" odgovorio mu je ovaj.

Usledila je pauza. Onda se doktor pomerio.

„Vidimo se večeras, zar ne?" rekao je svom prijatelju.

„O – gde će to biti? Idemo li do Džesdejla?"

„Ne znam. Baš sam prehlađen. Navratiću do *Meseca i zvezda,* svakako."

„Dozvoli Lizi i Mej da jednom propuste veče, a?"

„Tako je – ako se budem osećao kao sada."
„Svejedno..."
Dva mlada čoveka prošla su kroz hodnik do dvorišnih vrata.

Kuća je bila velika, ali sada je bila bez posluge i napuštena. Pozadi je bilo malo kućno dvorište popločano ciglom, a iza njega veliki skver sa sitnim šljunkom, sa štalama sa obe strane. Blatnjava, mokra polja u zimskom pejsažu širila su se u daljinu.

Štale su, međutim, bile prazne. Džozef Pervin, otac porodice, bio je neobrazovan čovek koji je postao prilično veliki trgovac konjima. Štale su bile pune konja, vladao je veliki metež, dolasci i odlasci konja i dilera i konjušara. Tada je kuhinja bila puna posluge. U poslednje vreme stvari su krenule nizbrdo. Stari čovek se oženio po drugi put, da povrati svoje bogatstvo. Kada je umro sve je otišlo u propast, ostali su samo dugovi i pretnje. Mesecima je Mejbl bila bez posluge u velikoj kući, držeći porodicu na okupu u oskudici, za svoju beskorisnu braću, deset godina je ona održavala kuću. Prvobitno je to, međutim, bilo sa neograničenim namerama. Potom, kako je sve bilo brutalno i nepristojno, smisao novca je nju održavao ponositom, samouverenom. Muškarci mogu psovati, žene po kuhinjama mogu imati lošu reputaciju, njena braća mogu imati nezakonitu decu. Ali dokle god je bilo novca, devojka se osećala sigurno, brutalno ponosita, rezervisana.

Niko nije dolazio u kuću, preostali dileri ili nepristojni muškarci. Mejbl je bila nezainteresovana za suprotni pol, pogotovo kada je njena sestra otišla od kuće. Ali, ona nije za to marila. Redovno je odlazila u crkvu i starala se o ocu.

Živela je u uspomenama na svoju majku, koja je umrla kada je Mejbl bilo 14 godina i koju je jako volela. Volela je i svog oca, ali na drugačiji način, zaviseći od njega i osećajući u njemu sigurnost, sve dok se on u svojoj četrdesetčetvrtoj godini nije ponovo oženio. Tada je izmenila svoj stav prema njemu, a sada kada je mrtav sve ih je ostavio beznadežno u dugovima.

Teško je patila u periodu siromaštva, ali ništa nije moglo poljuljati čudan, mrgodan životinjski ponos koji je bio u svakom članu porodice. Sada je, barem za Mejbl, došao kraj. Pa ipak nije mogla da promisli malo o sebi. Sledila je svoj sopstveni put, na isti način, uvek je imala u rukama kontrolu nad svojim životom. Luda i uporna, gurala je tako iz dana u dan. Zašto bi razmišljala? Dovoljno je bilo što je ovo bio kraj, i nije bilo izlaza. Nije više morala da, skrivajući se, prolazi duž glavne ulice maloga grada, izbegavajući poglede. Nije nikada više morala da ponižava sebe kupujući najjeftiniju hranu po radnjama. Svemu je tome došao kraj. Ni o kome nije mislila, pa čak ni o sebi. Tupa i postojana, izgledala je kao u nekoj vrsti ekstaze, približavajući se sve više svome ispunjenju, sopstvenoj uzvišenosti, približavajući se svojoj umrloj majci, koja je bila glorifikovana.

Posle podne je uzela malu torbu sa makazama, sunđerom i malom ribaćom četkom i izašla iz kuće. Bio je siv, hladan zimski dan, tamnozelena polja su izgledala tužno, vazduh je bio crn od dima iz obližnjih livnica. Išla je brzo, krijući se, duž nasipa, ne obazirući se ni na koga, kroz grad do crkvenog dvorišta.

Tu se ona uvek osećala sigurnom, jer je niko nije mogao videti, iako je, istini za volju, bila izložena pogledu svih koji su prolazili ispod ograde crkvenog dvorišta. Pa, ipak, kada bi se našla u senci velike crkve, između grobnica, ona se osećala bezbedno, sigurno, osamljena između debelih zidova ograde, kao da je otišla u neku drugu zemlju.

Pažljivo je sekla travu sa groba i aranžirala male ružičastobele hrizanteme na krstu od lima. Kada je ovo završila, uzela je praznu posudu sa susednog groba, donela vodu i vrlo nežno, pažljivo obrisala sunđerom mermernu nadgrobnu ploču i ploču od svoda.

Ovaj rad pružao joj je istinsko zadovoljstvo. Tada je osećala kao da neposredno ima kontakt sa svetom u kome je bila njena majka. Prepustila se nekoliko časaka tuzi, onda je prošla kroz park, u stanju koje se graničilo sa nepatvorenom srećom, kao da je izvršavajući ovu dužnost, dolazila u neku suptilnu, intimnu povezanost sa svojom majkom. Kao da je život koji je proživljavala na ovom svetu bio mnogo manje stvaran od zagrobnog života koji je nasledila od majke.

Doktorova kuća bila je baš uz crkvu. Ferguson, budući da je bio samo iznajmljeni asistent, bio je rob te sredine. Sada, dok je žurio u ambulantu na hirurgiji, bacio je brz pogled na groblje i video devojku na njenom uobičajenom zadatku. Izgledala je tako posvećena i odsutna, izgledala je kao prizor iz nekog drugog sveta. Dirnulo ga je nešto tajanstveno što je tu bilo. Usporio je hod, posmatrajući je kao opčinjen.

Ona je podigla pogled, osećajući da je on posmatra. Pogledi su im se sreli. Oboje su se pogledali ponovo, u istom momentu, nekako osećajući da ga je ovaj drugi otkrio. On je podigao svoju kapu u znak pozdrava i produžio duž puta. U svesti mu je jasno ostalo njeno lice, koje je podigla sa spomenika u crkvenom dvorištu, gledajući ga svojim velikim izražajnim očima. I njeno lice *bilo je* upečatljivo. Kao da ga je hipnotisalo. U tom pogledu postojala je jačina koja je obuzimala celo njegovo biće, kao da je uzeo neku drogu pre ovoga, on se osećao slabo i malaksalo. Sada se život vratio u njega, osećao se oslobođen svojih nemira.

Obavio je svoje obaveze na hirurgiji što je pre mogao, užurbano puneći jeftinim lekovima bočice ljudima koji su čekali. Zatim je, u nesmanjenoj žurbi, krenuo u posetu još nekim bolesnicima u drugom delu njegovog reona, pre nego što dođe vreme za čaj. Uvek je više voleo da hoda, ako je bilo moguće, a posebno onda kada se nije osećao dobro. Umišljao je da ga kretanje osvežava.

Padao je sumrak. Bilo je sivo, mrtvo, hladno, sve je polako tonulo u veliku, groznu hladnoću. Ali zašto bi se to njega doticalo? Brzo je krenuo uzbrdo, preko tamnozelenih polja, sledeći crnu stazu od šljake. U daljini, bila je plitka dolina gde je, zbijen kao tinjajući pepeo, bio smešten gradić. Skup kula, šiljastih vrhova, masa niskih, prostih zastarelih kuća. Na najbližem obodu grada, nagnutom ka dolini, bila je Oldmedou, kuća Petruinsovih. Vrlo jasno je razaznavao štale i pomoćne zgrade, koje su bile raspoređene ka njemu na padini. Pa, neće još zadugo odlaziti tamo! Još jedno utočište je za njega bilo izgubljeno, a jedino društvo za koje je mario i voleo u ružnom, stranom malom gradu on je sada gubio. Ništa ne preostaje, samo posao, robovanje, stalna žurba od tavorenja do tavorenja među rudarima i livcima. To ga je iznurivalo, iako je u isto vreme za tim žudeo. Na njega je stimulativno delovalo da boravi u domovima radnika, kao da se kretao kroz srž njihovih života. Nervi su mu bili budni i zadovoljni. Tako je mogao da se približi samim životima tih grubih, neartikulisanih muškaraca i žena, koji su imali snažne emocije. Gunđao je da mrzi tu groznu rupu od grada. Ali, istini za volju, to mu je pružalo uzbuđenje – kontakti sa grubim ljudima iskrenih osećanja bili su direktan stimulans za njegove nerve.

Ispod Oldmedoua, između plitkih udubina u raskvašenoj livadi, bilo je duboko jezero četvrtastog oblika. Preletevši pogledom preko okoline, uočio je figuru u crnom kako prolazi kroz kapiju idući ka jezeru. Pogledao je opet. To je mogla biti Mejbl Pervin. Najedno je njegov um živnuo i postao je koncentrisan. Zašto je išla tamo? Popeo se još malo strmom stazom i zastao, zagledan. Jedino je bio siguran da je to mala, crna figura u smiraju dana. Činilo se da je vidi u nekom opskurnom svetlu. Kao da je bio vidovit, kao da je video nešto svojim umom, pre nego svojim očima. Ipak ju je dovoljno jasno mogao uočiti, dok je posmatrao pažljivo. Nekako je osećao da bi je ako bi na čas skrenuo pogled, u teškom, ružnom sumraku koji se spuštao, mogao potpuno izgubiti.

Neprekidno je pratio njeno kretanje, potpuno koncentrisan, kao nešto što je video kao film, pravo preko polja, ka jezeru. Onda je ona zastala na obali. Uopšte nije podizala glavu. Onda je polako počela da ulazi u vodu.

Nepomično je stajao dok se mala crna figura kretala polako i uporno ka centru jezera, postepeno ulazeći sve dublje u nepomičnu vodu, i još dalje, kad joj je voda već bila do grudi. Onda je on nije više mogao videti u sumraku tog mrtvog popodneva.

„Hej!" povikao je „ne mogu da verujem!"

Onda je potrčao pravo dole, preko mokrih polja, kroz ograde. U zimskom polumraku trebalo mu je nekoliko minuta da stigne do jezera. Zaustavio se na obali, teško dišući. Ništa nije video. Pokušavao je da pogledom prodre kroz nepomičnu vodu. Da, ta tamna senka je bila od njene crne odeće ispod površine vode.

Polako je krenuo u jezero. Na dnu je bio dubok mek mulj u koji je upadao, dok mu se ledeno hladna voda stezala oko članaka. Dok se pomerao kroz mulj mogao je da oseti hladan miris truleži koji je dopirao iz blata koje je zamućivalo vodu. Osećao je neugodnost u plućima. Ipak, zgađen on se i dalje nije obazirao, krenuo je još dublje. Hladna voda pela mu se, preko nogu, bedara, uz stomak. Čitav donji deo njegovog tela bio je uronjen u odvratnu, ledenu vodu, dno je bilo tako duboko meko, neizvesno. Plašio se da zaroni. Nije mogao da zapliva i bilo ga je strah.

Malo se sagnuo, i krećući se rukama kroz vodu, pokušavao je da je pronađe. Ledeno hladno jezero stezalo se oko njegovog grudnog koša. Zakoračio je još malo dublje, i ponovo je tražio rukama kroz vodu. Tada je dotakao njenu odeću. U tom trenutku ona se izmakla iz njegovih prstiju. Činio je očajničke pokušaje da je ponovo nađe.

Tada je izgubio ravnotežu, skliznuo naniže, strašno se daveći u vodi zamućenoj od mulja, ludački se boreći nekoliko trenutaka. Konačno, izgledalo je to kao večnost, uspeo je da stane na noge, uspravi se sa glavom iznad vode i osvrne se oko sebe. Teško je disao, bio je svestan da je živ. Onda je pogledao vodu oko sebe. Ona se pojavila blizu njega. Zgrabio ju je za odeću i privlačeći je sebi, okrenuo se ka obali.

Pravio je vrlo lagane, pažljive pokrete, sporo napredujući. Još malo se popeo izlazeći iz jezera. Sada mu je voda bila tek do nogu; bio je zahvalan, sretan što je izašao iz ledenog zagrljaja jezera. Onda je nju uzeo u naručje i izvukao na obalu, iz užasa tog vlažnog sivog mulja.

Položio je na zemlju. Bila je bez svesti, puna vode. Izbacio joj je vodu iz usta i počeo da je oživljava. Nije morao dugo da radi pre no što se začulo da diše; disala je prirodno. Još je neko vreme oživljavao. Pod rukama je mogao osetiti kako se pokreće; vraćao joj se život. Obrisao joj je lice, umotao u svoj ogrtač, osvrnuo se videvši mračni prizor oko sebe, onda je podigao u naručje i posrćući krenuo duž obale i preko polja.

Izgledalo je to kao nezamislivo dug put, teret mu je bio tako veliki da je mislio da nikada neće moći da stigne do kuće. Konačno se domogao dvorišta sa štalama, pa onda i kućnog. Otvorio je vrata i ušao u kuću. U kuhinji je položio devojku na prostirku ispred ognjišta i počeo da doziva ukućane. Kuća je izgleda bila prazna, međutim u ognjištu je gorela vatra.

Ponovo je bio na kolenima pokraj nje, da vidi kako joj je. Disala je normalno, oči su joj bile širom otvorene, kao da je bila potpuno svesna, ali kao da je tom pogledu nešto nedostajalo. U sebi je bila svesna, ali nesvesna svog okruženja.

Otrčao je gore, uzeo prekrivače sa kreveta i stavio ih ispred vatre da ih zagreje. Onda joj je skinuo natopljenu odeću koja je mirisala na mulj, obrisao je peškirom, onda je nagu uvio u ćebad. Zatim je otišao u trpezariju, da pronađe neko alkoholno piće. Bilo je tamo nešto viskija. Otpio je gutljaj, a onda njoj sipao malo u usta. Efekat se odmah pokazao. Ona ga je jasno pogledala, kao da ga je već neko vreme posmatrala, ali je tek sada postala svesna njegovog prisustva.

„Dr Ferguson?" rekla je.

„Šta?" upitao je on.

Zatim se oslobodio svog kaputa, u nameri da pronađe neku suvu odeću na spratu. Nije mogao da podnese miris te mrtve, blatnjave vode i bio je jako zabrinut za svoje zdravlje.

„Šta sam uradila?"

„Ušla si u jezero" odgovorio je.

Počeo je da drhti, kao neko ko je jako bolestan, i teško je mogao da joj posveti pažnju. Njen pogled se zadržao na njemu, a on je izgledao kao da mu se muti svest, gledajući je bespomoćno. Drhtavica se polako utišavala, život se vraćao u njega, postajao je jak, kao da se polako osvešćivao.

„Jesam li ja to sišla s uma?" pitala je, dok joj je pogled bio prikovan za njega sve vreme.

„Možda, na trenutak" odgovorio joj je.

Osećao se smirenim jer mu se vratila snaga i čudna mrzovolja i napetost su ga napustile.

„A jesam li i sada takva?"

„Jesi li?" on se zamislio na čas. „Nisi", iskreno joj je rekao, „ne bih rekao da si."

Okrenuo je glavu na drugu stranu. Bio je uplašen sada, kada se osećao zbunjeno i nekako slabiji od nje. Nije prestajala da ga fiksira sve vreme.

„Možeš li mi reći gde da nađem nešto suvo da obučem?" upitao je.

„Jesi li ronio u jezeru da me nađeš?"

„Ne," rekao je, „samo sam ušao. Ali ipak mi je voda prešla preko glave."

Za čas je zavladala tišina. Oklevao je. Jako mu se išlo na sprat da promeni odeću, ali ga je sprečavala neka želja u njemu, kao da ga je ona zadržavala. Izgledalo je da je ostao bez snage volje, i on je stajao tu kao malaksao tu pored nje. Ali je unutar sebe osećao nešto toplo. Uopšte nije drhtao, iako je na njemu odeća bila potpuno mokra.

„Zašto si to učinio?"

„Zato što nisam želeo da napraviš takvu ludost," rekao je.

„To nije ludost," odvratila je, ne prestajući da zuri u njega, dok je ležala na podu, sa jastukom sa sofe izpod glave. „To je ono što je trebalo da učinim. Valjda *ja* znam najbolje."

„Idem da skinem ove mokre stvari," rekao je. Ali još uvek nije smogao snagu da se pomeri, odvoji od nje, dok ga ona ne pošalje. Bilo je to kao da je imala njegov život u svojim rukama, a on nije mogao da se otrgne. Ili možda nije želeo.

Iznenada se ona podigla. Tada je postala svesna svoje trenutne situacije. Osetila je ćebad svuda oko sebe, u ruke i noge joj se vraćao osećaj. Za trenutak je izgledalo kao da se raspametila.

Pogledala je oko sebe, unezvereno, kao da je nešto tražila. On je stajao nepomičan, u strahu. Videla je svoju razbacanu odeću.

„Ko me je svukao?" pitala je, ne skidajući pogled s njegovog lica.

„Ja", rekao je, „da bih te povratio."

Nekoliko trenutaka sedela je i gledala u njega, očajnički, usne su joj bile otvorene.

„Da li me ti onda voliš?"

On je samo ostao da stoji i zuri u nju, fasciniran. Činilo mu se da mu se duša rastapa.

Onda je ona krenula na kolenima k njemu, obgrlila ga je rukama, njegove noge, dok je on tako stajao, pritiskajući svoje grudi uz njegova kolena i butine. Stiskajući ga sa neobičnom, silovitom sigurnošću, privlačeći ga svom licu, vratu, dok ga je gledala blistavim, poniznim pogledom, trijumfujući u ovom prvom posedovanju.

„Ti me voliš", mrmljala je, u čudnom ushićenju, čežnjivo, trijumfalno i poverljivo. „Voliš me. Znam da me voliš, znam."

Strasno mu je ljubila kolena kroz mokru odeću, strasno mu je ljubila i kolena i noge, kao da ničega drugog nije bila svesna.

On je spustio pogled dole, na njenu mokru, zamršenu kosu, divlja, gola, životinjska ramena. Bio je zadivljen, zbunjen i uplašen. On nikada nije razmišljao o tome da bi je mogao voleti. Nikada to nije želeo. Kada ju je spasio i povratio je u život, tada je on bio doktor, a ona pacijent. Nikada nije osećao prema njoj nešto lično. Ne, ovaj prelaz na lične stvari bio mu je vrlo neprijatan, kao uvreda nanesena njegovoj profesionalnoj časti. Užasno je bilo videti je kako klečeći grli njegova kolena. Užasno. Divlji otpor je on imao u sebi protiv toga. Ali ipak – ipak nije smogao snagu da se otrgne. Ona ga je ponovo pogledala, sa istom onom molbom u očima, izrazom snažne ljubavi, i u isto vreme se u njenim očima dogodio onaj prelaz u zastrašujuću svetlost trijumfa.

U odnosu na taj delikatni plamen koji je kao svetlost sijao s njenog lica, on je bio nemoćan. Ali ipak nikada nije pomislio da se u nju zaljubi. Nikada. Međutim, nešto uporno, tvrdoglavo u njemu ga je zadržavalo.

„Voliš me," ponavljala je, mrmljajući u dubokom, rapsodičnom uverenju, „voliš me". Njene ruke su ga privlačile, vukle k sebi. Bio je zaplašen, čak i pomalo zgrožen. Jer on zaista nikada nije imao ljubavne misli prema njoj. I dalje su ga njene ruke vukle. On je brzo ispružio ruku da bi se smirio, dotakavši njeno golo rame. Činilo se da će ona, u dodiru sa tom mekom kožom, sagoreti. Ništa nije osećao prema njoj: čitava njegova volja protivila se njegovom popuštanju. Bilo je grozno – pa ipak divan je bio dodir sa njenim ramenom, divan sjaj njenog lica. Da nije ona možda bila luda? Užasavalo ga je to što joj popušta. A ipak ga je nešto u njemu bolelo.

Pogledao je u vrata, odvratio pogled od nje. Ali ruka mi je ostala na njenom ramenu. Iznenada se ona jako primirila. Pogledao je. Oči su joj bile širom otvorene, u njima je bio strah, nedoumica, nestala je svetlost s njenog lica, a vraćala se senka tuge. Nije mogao da podnese ispitivački pogled njenih očiju na sebi, i ona pitanja koja su se iza toga krila. Kao da je iznutra jecao, dopustivši svom srcu da joj se nakloni. Iznenadni, nežni osmeh pojavio mu se na licu. Njene oči, koje nije skidala s njegovog lica su se polako, polako punile suzama. On je gledao tu čudnovatu vodu koja izvire iz njih, kao neka spora fontana. Činilo mu se da će mu srce sagoreti i istopiti se u grudima.

Nije više mogao da izdrži i da je gleda takvu. Kleknuo je na kolena i obuhvatio joj je glavu rukama, pritisnuvši njeno lice uz svoj vrat. Bila je vrlo mirna. Izgledalo je da mu slomljeno srce gori u grudima u agoniji. Osećao je njene spore, tople suze kako mu kvase vrat. Ali se nije micao. Osećao je te tople suze kako kvase njegov vrat i udubljenja na njemu. Ostao je nepomičan, razapet u jednoj od večitih odluka. Jedino što mu je sada postalo neophodno jeste da oseća njeno lice uz sebe; nikada je sada ne bi mogao napustiti! Nikada ne bi mogao pustiti njenu glavu iz svog zagrljaja. Želeo je da tako ostane zauvek, da ga boli srce i da taj bol za njega takođe znači život. Bez spoznaje šta čini, gledao je njenu finu mokru smeđu kosu. Iznenada mu je zasmetao odvratni, ustajali miris vode iz jezera. U istom trenu ona ga je pogledala i povukla se. Oči su joj bile zamišljene i nedokučive. Bilo ga je strah od tog pogleda, i počeo je da je ljubi, nesvestan šta čini. Želeo je da joj oči izgube taj strašni sumorni i neprozirni izraz.

Kada mu je ponovo okrenula lice, bledo, nežno rumenilo sijalo je iz njega, i opet je vraćalo to zastrašujuće zračenje radosti iz njenih očiju, koje ga je s jedne strane plašilo, ali je ipak želeo da ga vidi, jer se onog tužnog upitnog pogleda bojao još i više.

„Voliš li me?" pitala je, oklevajući.

„Da." Ova reč ga je stajala velikog napora. Ne zato što je to bila neistina, već zato što je to bila suviše nova istina, i samo njeno *izgovaranje* kao da je ponovo cepalo njegovo ranjeno srce. A on jedva da je želeo da to bude istina, čak i sada.

Podigla je pogled na njega, a on se savio unapred i poljubio joj usta, nežnim poljupcem koji je simbolizovao trajni zalog. I dok je ljubio, srce mu se ponovo steglo u grudima. Nikako nije nameravao da je voli, ali sada je bilo gotovo. Prešao je preko te crte do nje i sve što je ostavio iza bilo je nebitno i postalo je kao privid. Posle tog poljupca, njene oči su se ponovo ispunile suzama. Mirno je sedela, udaljena od njega, sa licem pognutim u stranu, dok su joj ruke bile savijene u krilu. Suze su joj se poleko slivale. Vladala je potpuna tišina. On je takođe sedeo, nepomičan i tih na prostirci od ognjišta. Čudan bol njegovog slomljenog srca kao da ga je razarao. On da nju voli? Da je ovo ljubav! Da na ovaj način on bude ogoljen! – On, doktor! – Kako bi se *svi* podsmevali kad bi doznali! – Bila je to agonija, da misli o tome kako bi *oni* mogli saznati.

U tom neobičnom, ogoljenom bolu koji mu je stvorila ova pomisao, on ju je ponovo pogledao. Sedela je tamo, klonula u mislima. Video je suzu kako je kanula i srce mu se toplo ozarilo. Prvi put je video da joj je rame prilično otkriveno, jedna ruka gola, video je nejasno, njenu malu dojku, jer je u sobi vladao mrak.

„Zašto plačeš?" pitao je, izmenjenim glasom. Pogledala ga je, i iza tih suza prvi put joj je svest o sopstvenoj situaciji bacila tamnu senku stida u pogledu.

„Ne plačem, zaista," reče, gledajući ga pomalo uplašeno.

Nežno je položio svoju ruku na njenu golu.

„Volim te! Volim te!" rekao je, mekim, tihim, vibrirajućim glasom koji njemu nije bio svojstven.

Ona se skupila i oborila glavu. Nežni, ali snažni stisak njegove ruke ju je ožalostio. Pogledala ga je.

„Hoću da odem," reče, „da bih ti donela neke suve stvari."

„Zašto?" pitao je „meni je dobro."

„Ali ja tako hoću, da promeniš tu odeću."

Pustio joj je ruku, ona se umotala u ćebe pogledavši ga prilično uplašeno ali još uvek nije ustajala.

„Poljubi me," reče čežnjivo.

Poljubio je, ali brzo, kao u srdžbi. U sledećem trenutku ona se nervozno digla, sva umotana u ćebe. On je zbunjeno posmatrao, dok je pokušavala da se oslobodi i uvije u ćebe tako da može da hoda. Gledao je nemilosrdno, što je ona osećala. Kako se pokrenula, ćebe se povuklo i on je ugledao bljesak njenog stopala i njene bele noge, i pokušao da se seti kako je izgledala dok je on umotavao u ćebe, a u isto vreme nije hteo da to pamti, jer tada mu ona ništa nije značila i cela njegova priroda protivila se uspomeni na nju iz perioda kada je to bilo tako. Prigušen, nervozan glas negde iz dubine mračne kuće ga je prenuo. Onda je začuo njen glas:

„Evo ti odeća."

Ustao je i otišao do dna stepeništa da pokupi stvari koje mu je bacila. Potom je došao blizu vatre da bi se presvukao. Kada je bio gotov, nasmejao se sam svojoj pojavi.

Vatra se gasila, pa je dodao ugalj. Kuća je bila skoro sva u mraku, tako da je treperava ulična svetlost između dračevog drveća osvetljavala. On je upalio gas šibicom koje je pronašao na kaminu. Onda je ispraznio džepove na svojoj odeći pa je bacio sve mokre stvari na hrpu u sudoperu, pokupio njenu mokru odeću, nežno, i stavio je odvojenu gomilu na metalni deo sudopere. Na časovniku je bilo šest časova. Njegov sat je bio stao. Morao je da požuri nazad na hirurgiju. Čekao ju je, ali se ona još nije pojavljivala. Zato je otišao do podnožja stepeništa i viknuo:

„Moraću da krenem."

Skoro u istom trenutku začuo ju je kako silazi. Na sebi je imala svoju najbolju haljinu od crne tanke svilene tkanine. Kosa joj je bila očešljana, mada još uvek vlažna. Gledala ga je – i protivno svojoj volji, nasmešila se.

„Ne sviđaš mi se u tome," rekla je.

„Kako ti izgledam?" pitao je.

Stideli su se jedan drugoga.

„Napraviću ti čaj," rekla je ona.

„Ne, moram da krenem."

„Moraš?"

Onda ga je ponovo pogledala velikim očima punim sumnje. Njemu se opet javio onaj bol u grudima, koji mu je bio pouzdan znak koliko je voli.

Prišao joj je, sagnuo se da bi je poljubio, nežno, strasno, iz dubine svog bolnog srca.

„Kosa mi tako grozno miriše", mrmljala je ona, odsutno. „I ja sam tako grozna, odvratna! Ne, previše sam ti odvratna!"

Iz nje je provalio gorki jecaj, jecaj njenog slomljenog srca. „Ne možeš me voleti, užasna sam."

„Ne budi blesava, ludice," rekao joj je, pokušavajući da je uteši, ljubeći je i držeći u naručju. „Ja te želim, želim da te oženim, mi ćemo se uzeti, što pre – sutra, ako je moguće."

Ali ona je samo gorko jecala, i kroz plač rekla:

„Osećam se užasno, užasno. Osećam da sam ti odvratna."

„Nikako, nikako, želim te, ja te želim", bilo je sve što joj je on odgovorio, slepo, sa tom zlokobnom intonacijom u glasu koja je nju plašila još više nego onaj strah da je on *neće* hteti.

POGOVOR

Po Lorensu, najbolje priče Edgara Alana Poa više su od priča: one su avetinjske povesti o ljudskoj duši u njenim raskolnim mukama. To su zapravo, kaže dalje, ljubavne priče, i one su najbolje što je stvorio Po, a nikako neka fantastika ili strava i užas. Za priče Dejvida Herberta Lorensa se, međutim, može reći da su sve, od prve do poslednje, ljubavne priče, da je u svakoj na delu ljubav kao „tajanstveno vitalno privlačenje koje sve više i više međusobno zbližava stvari", pri čemu je onda ono što nazivamo seks - kad dva „sistema krvi, muški i ženski, dolaze u neposredan kontakt" - tek „aktualna kriza ljubavi". Da, dodaće, ljudi žive zahvaljujući ljubavi, jer materija neprestano teži drugom, „vibrira" u asimilovanju drugog, ali i umiru ili izazivaju smrt, ako previše vole. Na tom paradoksu osniva se Lorensovo pripovedačko delo koje je u ovoj knjizi predstavljeno u dve malo poznate, nesumnjivo sjajne povesti, ispunjene previrućim i zagonetnim intenzitetima, i koje ne ostavljamo dok ih ne pročitamo „naiskap".

D. H. Lorens *(David Herbert Lawrence)* rođen je 11. septembra 1885. godine u Istvudu, u engleskoj grofoviji Notingemšir. Umreće u Vansu, u Francuskoj, 11. marta 1930. godine. Mada kratak, njegov život je bio buran i plodan. Ispunjen ljubavnom strašću, upoznavši egzistenciju sirotinjskog društvenog sloja, vođen skitalačkim nagonom, prošao je svet i stvorio nezaboravna dela, i to u obilju. Bio je i živeo u Cejlonu, Australiji, Italiji, Novom Meksiku i Kaliforniji, te u Meksiku, na Majorci, u Nemačkoj, Švajcarskoj, Francuskoj. Slikao je i pisao pesme, drame, studije, putopise. Ali, najpoznatiji je po svojim pričama i romanima, recimo *Zaljubljene žene, Sinovi i ljubavnici, Devica i Ciganin, Ljubavnik ledi Četerli*. Po mnogim njegovim romanima snimljeni su odlični filmovi. Njegov život i njegovo delo podjednako su budili pažnju i bili izazov puritanskom moralu. Kontroverze u njegovom umetničkom delu bile su praćene kontroverzama u njegovom životu koji će izgubiti dah pod udarima tuberkuloze.

U ljubavi, kako ju je video Lorens, male stvari često poprimaju ogroman značaj. Dodir, pogled, naoko zanemarljiv gest spaja dva najrazličitija bića. U tom spajanju nema uvek i razumevanja. Ljubav je, po piscu, uvek dvostruka, čulna i spiritualna. Krv traži drugu krv, nervi traže drugi nervni sistem. Nesporazumi su u instintkima koji odlučuju o našem unutrašnjem udesu. Koliko god nam Lorensova vizija ljubavi mogla izgledati pojednostavljena, ona u pričama poprima punu dramatiku i njena misterija zablista na mah, dovoljno snažno da nas opčini. Samo pripovedanje postaje ljubavna igra između smrti i života. Možda o kraju te igre ne znamo nikad dovoljno, ali njena iskušenja i njene lavirinte Lorens upečatljivo dočarava svojim majstorstvom koje je postalo istaknuta i dragocena etapa u engleskoj književnosti dvadesetog stoleća.

A.

SADRŽAJ

Dodirnuo si me 5
Kćer trgovca konjima 30
Pogovor 55

Izdavačko preduzeće
RAD
Beograd, Dečanska 12

*

Glavni urednik
NOVICA TADIĆ

*

Grafički urednik
MILAN MILETIĆ

*

Lektor
MIROSLAVA STOJKOVIĆ

*

Korektor
NADA GAJIĆ

*

Nacrt za korice
JANKO KRAJŠEK

Realizacija
ALJOŠA LAZOVIĆ

*

Priprema teksta
Grafički studio RAD

*

Za izdavača
SIMON SIMONOVIĆ

*

Štampa
Elvod-print, Lazarevac

CIP – Каталогизација у публикацији
Народна библиотека Србије, Београд

820-32

ЛОРЕНС, Дејвид Херберт

Kćer trgovca konjima / D. H. Lorens : [s engleskog prevela Bojana Ranković]. – Beograd : Rad, 2000 (Lazarevac : Elvod-print). – 57 str. ; 18 cm. – (Reč i misao : knj. 508)

Prevodi dela: You Touched Me ; The Horse Dealer's Daughter / D. H. Lawrence. – Str. 55–56: Pogovor / J. [Jovica] A. [Aćin].

ISBN 86-09-00700-6
ID=85333004

www.ingramcontent.com/pod-product-compliance
Lightning Source LLC
Chambersburg PA
CBHW072016060426
42446CB00043B/2601